AUSBILDUNG ENTSCHIEDENER LEITER

Teilnehmer-Handbuch

Ausbildung entschiedener Leiter
Teilnehmer-Handbuch

Von Daniel B. Lancaster, phd

Herausgegeben von: T4T Press

Erstausgabe: 2013

ISBN 978-1-938920-55-4 Printausgabe

Inhalt

Leiterschafts-Ausbildung

Unterrichts-Material

1

Willkommen

Ausbilder und Leiter stellen sich in der ersten Lektion selbst vor. Die Leiter lernen dann den Unterschied zwischen der griechischen und der hebräischen Lernmethode. Jesus verwendete beide Methoden und das sollten wir auch tun. Die hebräische Methode ist am hilfreichsten bei der Ausbildung von Leitern und die am häufigsten verwendete bei *Ausbildung entschiedener Leiter*.

Das Ziel der Lektion für die Leiter besteht darin, Jesu Strategie zur Erreichung der Welt zu verstehen. Die fünf Bestandteile von Jesu Strategie beinhalten: Stark in Gott verwurzelt sein, das Evangelium mitteilen, Jünger ausbilden, Gruppen initiieren, die zu Gemeinden werden und Leiter ausbilden. Die Leiter wiederholen die Lektionen des Folge Jesus Trainings, Teil 1: Ausbildung entschiedener Nachfolger, welche die Gläubigen zurüstet, in jedem Bereich von Jesu Strategie erfolgreich zu sein. Die Leiter üben auch, anderen eine Vision zur Befolgung von Jesu Strategie zu geben. Die Einheit endet mit der Zusage, Jesus nachzufolgen und seine Gebote jeden Tag zu befolgen.

LOBPREIS

ANFANG

Vorstellung der Ausbilder

Vorstellung der Leiter

Wie hat Jesus Leiter ausgebildet?

PLAN

Wer baut die Gemeinde auf?

> –MATTHÄUS 16, 18–
> UND ICH SAGE DIR AUCH: DU BIST PETRUS, UND AUF
> DIESEN FELSEN WILL ICH MEINE GEMEINDE BAUEN,
> UND DIE PFORTEN DER HÖLLE SOLLEN SIE NICHT
> ÜBERWÄLTIGEN.

Warum ist es wichtig, wer die Gemeinde aufbaut?

–PSALM 127, 1–
WENN DER HERR NICHT DAS HAUS BAUT, SO ARBEITEN
UMSONST, DIE DARAN BAUEN. WENN DER HERR NICHT
DIE STADT BEHÜTET, SO WACHT DER WÄCHTER UMSONST.

Wie baut Jesus seine Gemeinde?

1. _____

–LUKAS 2, 52–
UND JESUS NAHM ZU AN WEISHEIT, ALTER UND GNADE
BEI GOTT UND DEN MENSCHEN.

–LUKAS 4, 14–
UND JESUS KAM IN DER KRAFT DES GEISTES WIEDER
NACH GALILÄA UND DIE KUNDE VON IHM ERSCHOLL
DURCH ALLE UMLIEGENDEN ORTE.

🖐 Arme hochhalten und wie ein starker Mann posieren.

2. _____

—MARKUS 1, 14 + 15—
NACHDEM ABER JOHANNES GEFANGEN GESETZT
WAR, KAM JESUS NACH GALILÄA UND PREDIGTE
DAS EVANGELIUM GOTTES UND SPRACH: DIE
ZEIT IST ERFÜLLT UND DAS REICH GOTTES IST
HERBEIGEKOMMEN. TUT BUSSE UND GLAUBT AN DAS
EVANGELIUM!

🖐 Eine werfende Bewegung mit der rechten Hand
ausführen, so als ob man Saaten ausstreut.

3. _____

—MATTHÄUS 4, 19—
UND ER SPRACH ZU IHNEN: FOLGT MIR NACH; ICH
WILL EUCH ZU MENSCHENFISCHERN MACHEN!

🖐 Die Hände an das Herz führen und dann zum
Lobpreis erheben. Die Hände an der Taille halten
und dann in die klassische Gebetshaltung bringen.
Die Hände zeigen auf den Verstand und werden
dann gesenkt, so als ob man ein Buch liest. Die
Arme hochhalten wie ein starker Mann, dann eine
streuende Bewegung ausführen, so als ob man
Saaten ausbringt.

4. _____

-MATTHÄUS 16, 18–
UND ICH SAGE DIR AUCH: DU BIST PETRUS, UND AUF
DIESEN FELSEN WILL ICH BAUEN MEINE GEMEINDE,
UND DIE PFORTEN DER HÖLLE SOLLEN SIE NICHT
ÜBERWÄLTIGEN.

🖐 Die Hände machen eine „sammelnde" Bewegung,
so als ob man Menschen bittet, sich um einen zu
sammeln.

5. _____

-MATTHÄUS 10, 5-8–
DIESE ZWÖLF SANDTE JESUS, GEBOT IHNEN UND SPRACH:
GEHET NICHT AUF DER HEIDEN STRASSE UND ZIEHET
NICHT IN DER SAMARITER STÄDTE, SONDERN GEHET
HIN ZU DEN VERLORENEN SCHAFEN AUS DEM HAUSE
ISRAEL. GEHT ABER UND PREDIGT UND SPRECHT: DAS
HIMMELREICH IST NAHE HERBEIGEKOMMEN. MACHT DIE
KRANKEN GESUND, REINIGT DIE AUSSÄTZIGEN, WECKT
DIE TOTEN AUF, TREIBT DIE TEUFEL AUS. UMSONST HABT
IHR'S EMPFANGEN, UMSONST GEBT ES AUCH.

🖐 Stramm stehen und salutieren wie ein Soldat.

Merkverse

–I. KORINTHER 11, 1–
SEID MEINE NACHFOLGER, GLEICHWIE ICH CHRISTI!

ÜBUNG

ABSCHLUSS

JESUS SAGT „FOLGE MIR"

–MATTHÄUS 9, 9–
UND DA JESUS VON DANNEN GING, SAH ER EINEN
MENSCHEN AM ZOLL SITZEN, DER HIESS MATTHÄUS;
UND ER SPRACH ZU IHM: FOLGE MIR! UND ER STAND
AUF UND FOLGTE IHM.

2

Ausbilden wie Jesus

Ein weit verbreitetes Problem bei wachsenden Gemeinden oder Gruppen ist der Bedarf an mehr Leitern. Bemühungen, Leiter auszubilden, scheitern oft, weil es keinen einfachen Prozess gibt, dem man folgen kann. Das Ziel dieser Lektion besteht darin, zu erläutern, wie Jesus Leiter ausbildete, so dass wir ihn nachahmen können.

Jesus bildete Leiter aus, indem er sie fragte, welchen Fortschritt sie in ihrer Mission erreicht haben, und indem er sämtliche Probleme, mit welchen die Leiter konfrontiert waren, mit ihnen besprach. Er betete auch für sie und half ihnen, Pläne für ihre weitere Mission zu machen. Ein wichtiger Bestandteil ihrer Ausbildung war die Übung von Fähigkeiten, die sie bei ihrem weiteren Dienst brauchen würden. In Lektion 2 wenden die Leiter diesen Leiterschafts-Ausbildungsprozess sowie Jesu Strategie zur Erreichung der Welt in ihren Gruppen an. Schließlich erarbeiten die Leiter noch einen „Ausbildungsbaum", der ihnen hilft, die

Ausbildung und das Gebet für die Leiter, die sie ausbilden, zu koordinieren.

Lobpreis

Weiterer Verlauf

Problem

Plan

Wiederholung

Willkommen
Wer baut die Gemeinde auf?
Warum ist das wichtig?
Wie baut Jesus seine Gemeinde auf?

–I. Korinther 11, 1–Folgt meinem Beispiel wie ich dem Beispiel Christi!

Wie bildete Jesus Leiter aus?

–LUKAS 10, 17–
DIE ZWEIUNDSIEBZIG ABER KAMEN ZURÜCK VOLL FREUDE UND SPRACHEN: HERR, AUCH DIE BÖSEN GEISTER SIND UNS UNTERTAN IN DEINEM NAMEN.

1. _____

🖐 Die Händen gegenseitig umeinander kreisen und
dabei aufwärts bewegen.

–MATTHÄUS 17, 19–
DA TRATEN SEINE JÜNGER ZU IHM, ALS SIE ALLEIN
WAREN, UND FRAGTEN: WARUM KONNTEN „WIR" IHN
NICHT AUSTREIBEN?

2. _____

🖐 Die Hände auf beide Seiten des Kopfes legen und so
tun, als ob man sich die Haare rauft.

–LUKAS 10, 1–
DANACH SETZTE DER HERR WEITERE ZWEIUNDSIEBZIG1
JÜNGER EIN UND SANDTE SIE JE ZWEI UND ZWEI VOR
SICH HER IN ALLE STÄDTE UND ORTE, WOHIN ER
GEHEN WOLLTE.

3. _____

🖐 Die linke Hand wie ein Blatt Papier ausbreiten und
mit der rechten Hand darauf „schreiben".

–JOHANNES 4, 1-2–
ALS NUN JESUS ERFUHR, DASS DEN PHARISÄERN ZU
OHREN GEKOMMEN WAR, DASS ER MEHR ZU JÜNGERN
MACHTE UND TAUFTE ALS JOHANNES - OBWOHL JESUS
NICHT SELBER TAUFTE, SONDERN SEINE JÜNGER -

4. _____

🖐 Arme hoch und tief bewegen, so als ob man
Gewichte stemmt.

–LUKAS 22, 31-32–
SIMON, SIMON, SIEHE, DER SATAN HAT BEGEHRT, EUCH
ZU SIEBEN WIE DEN WEIZEN. ICH ABER HABE FÜR
DICH GEBETEN, DASS DEIN GLAUBE NICHT AUFHÖRE.
UND WENN DU DEREINST DICH BEKEHRST, SO STÄRKE
DEINE BRÜDER.

5. _____

🖐 Die Hände in der „klassischen Gebetshaltung" vor
das Gesicht halten.

Merkvers

–LUKAS 6, 40–
DER JÜNGER STEHT NICHT ÜBER DEM MEISTER; WENN
ER VOLLKOMMEN IST, SO IST ER WIE SEIN MEISTER.

ÜBUNG

ABSCHLUSS

Ausbildungsbaum

3

Anleiten wie Jesus

Jesus Christus ist der größte Leiter aller Zeiten. Kein anderer Mensch hat öfter und mehr Menschen beeinflusst als er. Lektion 2 zeigt die sieben Qualitäten eines großartigen Leiters auf der Basis des Leitungsstils von Jesus. Die Leiter denken dann über die Stärken und Schwächen ihrer eigenen Leitungserfahrung nach. Ein Spiel zur Teambildung beendet die Einheit, welche die Kraft der „geteilten Leiterschaft" vermittelt.

Alles steht und fällt mit dem Herzen des Leiters, also schauen wir uns an, wie Jesus die Jünger angeleitet hat, so dass wir ihn nachahmen können. Jesus liebte sie endlos, verstand seine Mission, kannte die Probleme in der Gruppe, gab seinen Nachfolgern ein Beispiel, dem sie folgen konnten, begegnete ihnen freundlich und wusste, dass Gott seinen Gehorsam segnen würde. Alles kommt aus unserem Herzen. Daher ist es unsere Herzenshaltung, wo wir als Leiter anfangen müssen.

LOBPREIS

WEITERER VERLAUF

PROBLEM

PLAN

Wiederholung

Willkommen

Wer baut die Gemeinde auf?

Warum ist das wichtig?

Wie baut Jesus seine Gemeinde auf?

–I. Korinther 11, 1–Folgt meinem Beispiel wie ich dem Beispiel Christi!

Ausbilden wie Jesus

Wie hat Jesus Leiter ausgebildet?

–Lukas 6, 40–Der Jünger steht nicht über dem Meister; wenn er vollkommen ist, so ist er wie sein Meister.

Von wem sagte Jesus, dass er der größte Leiter sei?

–MATTHÄUS 20, 25-28–
ABER JESUS RIEF SIE ZU SICH UND SPRACH: IHR WISST,
DASS DIE HERRSCHER IHRE VÖLKER NIEDERHALTEN
UND DIE MÄCHTIGEN IHNEN GEWALT ANTUN. SO
SOLL ES NICHT SEIN UNTER EUCH; SONDERN WER
UNTER EUCH GROSS SEIN WILL, DER SEI EUER DIENER;
UND WER UNTER EUCH DER ERSTE SEIN WILL, DER
SEI EUER KNECHT, SO WIE DER MENSCHENSOHN
NICHT GEKOMMEN IST, DASS ER SICH DIENEN LASSE,
SONDERN DASS ER DIENE UND GEBE SEIN LEBEN ZU
EINER ERLÖSUNG FÜR VIELE.

✋ Salutieren wie ein Soldat und dann die Hände
aneinander legen und sich verbeugen wie ein Diener.

Wie sehen die sieben Qualitäten eines großen Leiters aus?

-JOHANNES 13, 1-17-
VOR DEM PASSAFEST ABER ERKANNTE JESUS, DASS
SEINE STUNDE GEKOMMEN WAR, DASS ER AUS DIESER
WELT GINGE ZUM VATER; UND WIE ER DIE SEINEN
GELIEBT HATTE, DIE IN DER WELT WAREN, SO LIEBTE
ER SIE BIS ANS ENDE.
UND BEIM ABENDESSEN, ALS SCHON DER TEUFEL
DEM JUDAS, SIMONS SOHN, DEM ISKARIOT, INS HERZ
GEGEBEN HATTE, IHN ZU VERRATEN,
JESUS ABER WUSSTE, DASS IHM DER VATER ALLES IN
SEINE HÄNDE GEGEBEN HATTE UND DASS ER VON
GOTT GEKOMMEN WAR UND ZU GOTT GING,

DA STAND ER VOM MAHL AUF, LEGTE SEIN OBERGEWAND AB UND NAHM EINEN SCHURZ UND UMGÜRTETE SICH. DANACH GOSS ER WASSER IN EIN BECKEN, FING AN, DEN JÜNGERN DIE FÜSSE ZU WASCHEN, UND TROCKNETE SIE MIT DEM SCHURZ, MIT DEM ER UMGÜRTET WAR.

DA KAM ER ZU SIMON PETRUS; DER SPRACH ZU IHM: HERR, SOLLTEST DU MIR DIE FÜSSE WASCHEN?

JESUS ANTWORTETE UND SPRACH ZU IHM: WAS ICH TUE, DAS VERSTEHST DU JETZT NICHT; DU WIRST ES ABER HERNACH ERFAHREN.

DA SPRACH PETRUS ZU IHM: NIMMERMEHR SOLLST DU MIR DIE FÜSSE WASCHEN! JESUS ANTWORTETE IHM: WENN ICH DICH NICHT WASCHE, SO HAST DU KEIN TEIL AN MIR.

SPRICHT ZU IHM SIMON PETRUS: HERR, NICHT DIE FÜSSE ALLEIN, SONDERN AUCH DIE HÄNDE UND DAS HAUPT!

SPRICHT JESUS ZU IHM: WER GEWASCHEN IST, BEDARF NICHTS, ALS DASS IHM DIE FÜSSE GEWASCHEN WERDEN; DENN ER IST GANZ REIN. UND IHR SEID REIN, ABER NICHT ALLE.

DENN ER KANNTE SEINEN VERRÄTER; DARUM SPRACH ER: IHR SEID NICHT ALLE REIN.

ALS ER NUN IHRE FÜSSE GEWASCHEN HATTE, NAHM ER SEINE KLEIDER UND SETZTE SICH WIEDER NIEDER UND SPRACH ZU IHNEN: WISST IHR, WAS ICH EUCH GETAN HABE?

IHR NENNT MICH MEISTER UND HERR UND SAGT ES MIT RECHT, DENN ICH BIN'S AUCH.

WENN NUN ICH, EUER HERR UND MEISTER, EUCH DIE FÜSSE GEWASCHEN HABE, SO SOLLT AUCH IHR EUCH UNTEREINANDER DIE FÜSSE WASCHEN.

EIN BEISPIEL HABE ICH EUCH GEGEBEN, DAMIT IHR TUT, WIE ICH EUCH GETAN HABE.

WAHRLICH, WAHRLICH, ICH SAGE EUCH: DER KNECHT
IST NICHT GRÖSSER ALS SEIN HERR UND DER APOSTEL
NICHT GRÖSSER ALS DER, DER IHN GESANDT HAT.
WENN IHR DIES WISST - SELIG SEID IHR, WENN IHR'S
TUT.

1. _____

🖐 Mit der Hand auf die Brust klopfen.

2. _____

🖐 Salutieren wie ein Soldat und mit dem Kopf nicken für
„ja".

3. _____

🖐 Sich in der klassischen Gebetshaltung verbeugen.

4. _____

🖐 Mit den Zeigefingern und Daumen beider Hände ein
Herz symbolisieren.

5. _____

    🖐 Die Hände seitlich an den Kopf legen, so als ob man Kopfschmerzen hätte.

6. _____

    🖐 Zum Himmel zeigen und mit dem Kopf nicken für „ja".

7. _____

    🖐 Hände in Lobpreis zum Himmel erheben.

Merkvers

-JOHANNES 13, 14-15-
WENN NUN ICH, EUER HERR UND MEISTER, EUCH DIE FÜSSE GEWASCHEN HABE, SO SOLLT AUCH IHR EUCH UNTEREINANDER DIE FÜSSE WASCHEN. EIN BEISPIEL HABE ICH EUCH GEGEBEN, DAMIT IHR TUT, WIE ICH EUCH GETAN HABE.

ÜBUNG

„Jetzt werden wir denselben Trainingsprozess anwenden, den Jesus angewendet hat, um zu üben, was wir in dieser Leiterschafts-Lektion gelernt haben."

ABSCHLUSS

Chinlone

4

Stärke gewinnen

Die Leiter, die Sie ausbilden, leiten Gruppen an und lernen, wie anstrengend es sein kann, andere anzuleiten. Leiter werden mit erheblichen geistlichen Kämpfen von außerhalb ihrer Gruppe und Persönlichkeitsdifferenzen innerhalb ihrer Gruppe konfrontiert. Ein Schlüssel zu effektiver Leiterschaft liegt in der Erkennung unterschiedlicher Persönlichkeitstypen und zu lernen, wie man effektiv mit ihnen im Team arbeitet. Die „Stärke gewinnen" Lektion zeigt Leitern einen einfachen Weg, den Menschen zu helfen, ihren eigenen Persönlichkeitstyp zu erkennen. Wenn wir verstehen, wie Gott uns geschaffen hat, haben wir gute Hinweise, wie wir stärker mit ihm wachsen können.

Es gibt acht Persönlichkeitstypen: Soldaten, Suchende, Hirten, Söhne/Töchter, Heilige, Diener und Verwalter. Nachdem die man den Leitern geholfen hat, ihren Typ zu erkennen, werden die Stärken und Schwächen jedes Typs besprochen. Viele Menschen nehmen an, Gott liebt den Persönlichkeitstyp am meisten, den ihre Kultur am meisten ehrt. Andere Leiter glauben, dass die Fähigkeiten als Leiter von ihrer Persönlichkeit abhängen. Diese einengenden Glaubenssätze sind einfach nicht wahr. Die Einheit endet damit, dass betont wird, die Leiter sollten Menschen als Individuen behandeln. Das Leiterschaftstraining muss auf individuelle Bedürfnisse eingehen und nicht pauschal auf alle zugeschnitten sein.

LOBPREIS

WEITERER VERLAUF

PROBLEM

PLAN

Wiederholung

Willkommen

Wer baut die Gemeinde auf?

Warum ist das wichtig?

Wie baut Jesus seine Gemeinde auf?

–I. Korinther 11, 1–Folgt meinem Beispiel wie ich dem Beispiel Christi!

Ausbilden wie Jesus

Wie hat Jesus Leiter ausgebildet?

–Lukas 6, 40–Der Jünger steht nicht über dem Meister; wenn er vollkommen ist, so ist er wie sein Meister.

Anleiten wie Jesus

Von wem sagte Jesus, dass er der größte Leiter sei? 🖐

Wie sehen die sieben Qualitäten eines großen Leiters aus?

–Johannes 13, 14-15–Wenn nun ich, euer Herr und Meister, euch die Füße gewaschen habe, so sollt auch ihr euch untereinander die Füße waschen. Ein Beispiel habe ich euch gegeben, damit ihr tut, wie ich euch getan habe.

Welche Persönlichkeit hat Gott Ihnen gegeben?

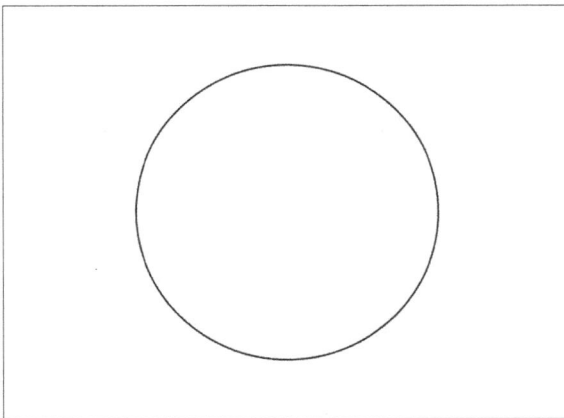

Welchen Persönlichkeitstyp liebt Gott am meisten?

Welcher Persönlichkeitstyp gibt den besten Leiter ab?

_____

Merkvers

> –RÖMER 12, 4-5–
> DENN WIE WIR AN „EINEM" LEIB VIELE GLIEDER HABEN,
> ABER NICHT ALLE GLIEDER DIESELBE AUFGABE HABEN,
> SO SIND WIR VIELE „EIN" LEIB IN CHRISTUS, ABER
> UNTEREINANDER IST EINER DES ANDERN GLIED.

ÜBUNG

ABSCHLUSS

Der amerikanische Cheeseburger ✒

5

Zusammen stärker

Während der letzten Lektion haben die Leiter ihren eigenen
Persönlichkeitstyp entdeckt. „Stärker zusammen" zeigt den
Leitern, wie ihr Persönlichkeitstyp mit anderen interagiert. Warum
haben die Menschen auf der ganzen Welt acht unterschiedliche
Persönlichkeitstypen? Einige behaupten, es läge daran, weil sich
Noahs Arche acht Menschen befanden, andere sagen, Gott erschuf
einen Persönlichkeitstyp für jeden Punkt auf dem Kompass –
Norden, Nordosten, Osten etc. Wir können den Grund ganz
einfach erklären. Es gibt acht verschiedene Persönlichkeitstypen
auf der Welt, weil Gott die Menschen nach seinem Bild erschaffen
hat. Wenn Sie sehen möchten, wie Gott aussieht, rät uns die Bibel,
auf Jesus zu schauen. Die acht grundlegenden Persönlichkeitstypen
auf der Welt spiegeln die acht Bilder von Jesus wider.

Jesus ist wie ein Soldat – Befehlshaber über Gottes Heer. Er
ist wie in Suchender – er sucht und rettet die Verlorenen. Er ist
wie ein Hirte – er gibt seinen Nachfolgern Nahrung, Wasser und
Ruhe. Jesus ist wie ein Sämann – er sät Gottes Wort in unser
Leben. Er ist ein Sohn – Gott nannte ihn seinen geliebten Sohn
und gebot uns, auf ihn zu hören. Jesus ist der Erlöser und beruft

uns, ihn in der Welt als Heilige zu repräsentieren. Er ist ein Diener – er gehorcht seinem Vater, sogar bis zum Tode. Schließlich ist Jesus ein Verwalter – viele Gleichnisse handeln vom Umgang mit Zeit, Geld oder Menschen.

Jeder Leiter trägt die Verantwortung dafür, den Menschen zu helfen, zusammenzuarbeiten. Zwischen unterschiedlichen Persönlichkeiten ist Konflikt unvermeidbar, den sie sehen die Welt unterschiedlich. Die beiden häufigsten Wege, wie Menschen mit Konflikten umgehen, bestehen darin, sich zu meiden oder miteinander zu kämpfen. Ein dritter Weg, mit Konflikten umzugehen, der von Gottes Geist geführt ist, besteht darin, Lösungen zu finden, die jeden Persönlichkeitstyp respektieren und bestätigen. Die Einheit endet mit einem Schauspielwettbewerb, der diese Wahrheit auf humorvolle Weise zeigt. Das Diagramm der „acht Bilder von Christus" hilft uns, zu verstehen, wie wir andere besser lieben können. Das ist die Aufgabe aller Nachfolger von Jesus.

LOBPREIS

WEITERER VERLAUF

PROBLEM

PLAN

Wiederholung

Willkommen

Wer baut die Gemeinde auf?

Warum ist das wichtig?

Wie baut Jesus seine Gemeinde auf?

–I. Korinther 11, 1–Folgt meinem Beispiel wie ich dem Beispiel Christi!

Ausbilden wie Jesus

Wie hat Jesus Leiter ausgebildet?

–Lukas 6, 40–Der Jünger steht nicht über dem Meister; wenn er vollkommen ist, so ist er wie sein Meister.

Anleiten wie Jesus

Von wem sagte Jesus, dass er der größte Leiter sei? ✋

Wie sehen die sieben Qualitäten eines großen Leiters aus?

–Johannes 13, 14-15–Wenn nun ich, euer Herr und Meister, euch die Füße gewaschen habe, so sollt auch ihr euch untereinander die Füße waschen. Ein Beispiel habe ich euch gegeben, damit ihr tut, wie ich euch getan habe.

Stärke gewinnen

Welchen Persönlichkeitstyp hat Gott Ihnen gegeben?

Welchen Persönlichkeitstyp mag Gott am liebsten?

Welcher Persönlichkeitstyp gibt den besten Leiter ab?

–Römer 12, 4-5–Denn wie wir an „einem" Leib viele Glieder haben, aber nicht alle Glieder dieselbe Aufgabe haben, So sind wir viele „ein" Leib in Christus, aber untereinander ist einer des andern Glied.

Warum gibt es acht verschiedene Arten von Menschen auf der Welt?

–1. MOSE 1, 26–
UND GOTT SPRACH: LASSET UNS MENSCHEN MACHEN, EIN BILD, DAS UNS GLEICH SEI,...

–KOLOSSER 1, 15–
ER (JESUS) IST DAS EBENBILD DES UNSICHTBAREN GOTTES, DER ERSTGEBORENE VOR ALLER SCHÖPFUNG.

Wie ist Jesus?

1. _____

–MATTHÄUS 26, 53–
ODER MEINST DU, ICH KÖNNTE MEINEN VATER NICHT BITTEN, DASS ER MIR SOGLEICH MEHR ALS ZWÖLF LEGIONEN ENGEL SCHICKTE?

✋ Ein Schwert ziehen.

2. _____

–LUKAS 19, 10–
DENN DER MENSCHENSOHN IST GEKOMMEN, ZU
SUCHEN UND SELIG ZU MACHEN, WAS VERLOREN IST.

🖐 Suchend umher schauen mit einer Hand oberhalb
der Augen.

3. _____

–JOHANNES 10, 11–
ICH BIN DER GUTE HIRTE. DER GUTE HIRTE LÄSST SEIN
LEBEN FÜR DIE SCHAFE.

🖐 Die Arme zum Körper hin bewegen, so als ob man
Menschen um sich versammelt.

4. _____

–MATTHÄUS 13, 37–
ER ANTWORTETE UND SPRACH ZU IHNEN: DER
MENSCHENSOHN IST'S, DER DEN GUTEN SAMEN SÄT.

🖐 Saaten mit der Hand ausstreuen.

5. _____

–LUKAS 9, 35–
UND ES GESCHAH EINE STIMME AUS DER WOLKE, DIE
SPRACH: DIESER IST MEIN AUSERWÄHLTER SOHN; DEN
SOLLT IHR HÖREN!

✋ Die Hände zum Mund bewegen, so als ob man essen würde.

6. _____

–MARKUS 8, 31–
UND ER FING AN, SIE ZU LEHREN: DER MENSCHENSOHN
MUSS VIEL LEIDEN UND VERWORFEN WERDEN
VON DEN ÄLTESTEN UND HOHENPRIESTERN UND
SCHRIFTGELEHRTEN UND GETÖTET WERDEN UND
NACH DREI TAGEN AUFERSTEHEN..

✋ Die Hände in der klassischen „Gebetshaltung" falten.

7. _____

–JOHANNES 13, 14-15–
WENN NUN ICH, EUER HERR UND MEISTER, EUCH DIE
FÜSSE GEWASCHEN HABE, SO SOLLT AUCH IHR EUCH
UNTEREINANDER DIE FÜSSE WASCHEN. EIN BEISPIEL
HABE ICH EUCH GEGEBEN, DAMIT IHR TUT, WIE ICH
EUCH GETAN HABE.

✋ Einen Hammer führen.

8. _____

-LUKAS 6, 38-
GEBT, SO WIRD EUCH GEGEBEN. EIN VOLLES,
GEDRÜCKTES, GERÜTTELTES UND ÜBERFLIESSENDES
MASS WIRD MAN IN EUREN SCHOSS GEBEN; DENN
EBEN MIT DEM MASS, MIT DEM IHR MESST, WIRD MAN
EUCH WIEDER MESSEN.

🖐 Geld aus der Hemdtasche oder dem Portemonnaie
nehmen.

Welche drei Wahlmöglichkeiten haben wir, wenn ein Konflikt entsteht?

1. _____

🖐 Die Fäuste zusammenhalten, voneinander weg
bewegen und hinter den Rücken bringen.

2. _____

🖐 Die Fäuste zusammenhalten und gegeneinander
schlagen.

3. _____

✋ Die Fäuste zusammenhalten, die Fäuste lösen
und Finger verschränken, die Hände hoch und tief
bewegen, so als ob sie zusammenarbeiten würden.

Merkvers

–GALATER 2, 20–
ICH LEBE, DOCH NUN NICHT ICH, SONDERN CHRISTUS
LEBT IN MIR. DENN WAS ICH JETZT LEBE IM FLEISCH,
DAS LEBE ICH IM GLAUBEN AN DEN SOHN GOTTES,
DER MICH GELIEBT HAT UND SICH SELBST FÜR MICH
DAHINGEGEBEN.

ÜBUNG

Schauspielwettbewerb ᔄ

EINE HÄUFIGE FRAGE

Wo liegt der Unterschied zwischen den acht Bildern von Christus
und den Geistesgaben?

6

Das Evangelium mitteilen

Wie können Menschen zum Glauben kommen, wenn sie das Evangelium noch nie gehört haben? Leider teilen die Nachfolger Jesu das Evangelium nicht immer mit, damit die Menschen glauben können. Ein Grund liegt darin, dass sie nie gelernt haben, das Evangelium mitzuteilen. Ein weiterer Grund ist, dass sie mit ihrem Alltagstrott beschäftigt sind und es vergessen. In der Lektion „Das Evangelium mitteilen" lernen die Leiter, wie sie ein „Evangeliums-Armband" anfertigen, das sie an ihre Freunde und Verwandte weitergeben können. Das Armband erinnert uns daran, anderen etwas weiterzugeben und ist ein guter Einstieg in ein Gespräch. Die Farben des Armbandes erinnern uns daran, wie wir das Evangelium Menschen mitteilen können, die nach Gott suchen.

Das Evangeliums-Armband zeigt, wie wir Gottes Familie verlassen haben. Am Anfang war Gott – die goldene Perle. Der Heilige Geist erschuf eine perfekte Welt mit Himmel und Meeren

– die blaue Perle. Er erschuf den Menschen und setzte ihn in den schönen Garten Eden – die grüne Perle. Der erste Mann und die erste Frau waren ungehorsam gegenüber Gott und brachten Sünde und Leid in die Welt – die schwarze Perle. Gott sandte seinen einzigen Sohn in die Welt und er führte ein perfektes Leben – die weiße Perle. Jesus bezahlte für unsere Sünden mit seinem Tod am Kreuz – die rote Perle.

Das Evangeliums-Armband zeigt uns, wie wir wieder in Gottes Familie zurückkehren können, indem wir die Reihenfolge umkehren. Gott sagte, dass jedem, der daran glaubt, dass Jesus für ihn oder sie am Kreuz gestorben ist – die rote Perle – und dass Jesus der Sohn Gottes ist – die weiße Perle – die Sünden vergeben sind – die schwarze Perle. Gott nimmt uns wieder in seine Familie auf und wir werden immer mehr wie Jesus – die grüne Perle. Gott gibt uns seinen Heiligen Geist – die blaue Perle – und verspricht, dass wir bei ihm im Himmel sein werden, wo die Straßen aus Gold sind, wenn wir sterben – die goldene Perle.

Die Lektion endet damit, dass gezeigt wird, dass Jesus der einzige Weg zu Gott ist. Niemand ist klug, gut, stark oder liebevoll genug, um durch sich selbst zu Gott zu kommen. Jesus ist der einzige Weg, den Menschen beschreiten können, um zu Gott zu kommen. Jesus nachzufolgen, ist die einzige Wahrheit, welche die Menschen von ihren Sünden befreit. Nur Jesus kann ewiges Leben schenken aufgrund seines Todes am Kreuz.

LOBPREIS

WEITERER VERLAUF

PROBLEM

PLAN

Wiederholung

Willkommen

Wer baut die Gemeinde auf?

Warum ist das wichtig?

Wie baut Jesus seine Gemeinde auf?

–I. Korinther 11, 1–Folgt meinem Beispiel wie ich dem Beispiel Christi!

Ausbilden wie Jesus

Wie hat Jesus Leiter ausgebildet?

–Lukas 6, 40–Der Jünger steht nicht über dem Meister; wenn er vollkommen ist, so ist er wie sein Meister.

Anleiten wie Jesus

Von wem sagte Jesus, dass er der größte Leiter sei? ✋

Wie sehen die sieben Qualitäten eines großen Leiters aus?

–Johannes 13, 14-15–Wenn nun ich, euer Herr und Meister, euch die Füße gewaschen habe, so sollt auch ihr euch untereinander die Füße waschen. Ein Beispiel habe ich euch gegeben, damit ihr tut, wie ich euch getan habe.

Stärke gewinnen

Welchen Persönlichkeitstyp hat Gott Ihnen gegeben?
Welchen Persönlichkeitstyp mag Gott am liebsten?
Welcher Persönlichkeitstyp gibt den besten Leiter ab?

–Römer 12, 4-5–Denn wie wir an „einem" Leib viele Glieder haben, aber nicht alle Glieder dieselbe Aufgabe haben, so sind wir viele „ein" Leib in Christus, aber untereinander ist einer des andern Glied.

Zusammen stärker

Warum gibt es acht Arten von Menschen auf der Welt?
Wie ist Jesus?
Welche drei Wahlmöglichkeiten haben wir, wenn Konflikte entstehen?

–Galater 2, 20–Ich lebe, doch nun nicht ich, sondern Christus lebt in mir. Denn was ich jetzt lebe im Fleisch, das lebe ich im Glauben an den Sohn Gottes, der mich geliebt hat und sich selbst für mich dahingegeben.

Wie kann ich das einfache Evangelium mitteilen?

–LUKAS 24, 1-7–
ABER AM ERSTEN TAG DER WOCHE SEHR FRÜH KAMEN SIE ZUM GRAB UND TRUGEN BEI SICH DIE WOHLRIECHENDEN ÖLE, DIE SIE BEREITET HATTEN.
SIE FANDEN ABER DEN STEIN WEGGEWÄLZT VON DEM GRAB
UND GINGEN HINEIN UND FANDEN DEN LEIB DES HERRN JESUS NICHT.
UND ALS SIE DARÜBER BEKÜMMERT WAREN, SIEHE, DA TRATEN ZU IHNEN ZWEI MÄNNER MIT GLÄNZENDEN KLEIDERN.

Sie aber erschraken und neigten ihr Angesicht zur Erde. Da sprachen die zu ihnen: Was sucht ihr den Lebenden bei den Toten?
Er ist nicht hier, er ist auferstanden. Gedenkt daran, wie er euch gesagt hat, als er noch in Galiläa war:
Der Menschensohn muss überantwortet werden in die Hände der Sünder und gekreuzigt werden und am dritten Tage auferstehen.

GOLDENE PERLE

BLAUE PERLE

GRÜNE PERLE

SCHWARZE PERLE

WEISSE PERLE

ROTE PERLE

ROTE PERLE

WEISSE PERLE

SCHWARZE PERLE

GRÜNE PERLE

BLAUE PERLE

GOLDENE PERLE

Warum brauchen wir Jesu Hilfe?

1. _____

–JESAJA 55, 9–
SONDERN SO VIEL DER HIMMEL HÖHER IST ALS DIE
ERDE, SO SIND AUCH MEINE WEGE HÖHER ALS EURE
WEGE UND MEINE GEDANKEN ALS EURE GEDANKEN.

Mit beiden Zeigefingern seitlich an den Kopf zeigen
und den Kopf schütteln für „nein".

2. _____

–JESAJA 64, 6–
NIEMAND RUFT DEINEN NAMEN AN ODER MACHT
SICH AUF, DASS ER SICH AN DICH HALTE; DENN DU
HAST DEIN ANGESICHT VOR UNS VERBORGEN UND
LÄSST UNS VERGEHEN UNTER DER GEWALT UNSRER
SCHULD.

✋ So tun, als ob man eine Menge Geld aus der Hemdtasche oder dem Portemonnaie nimmt und den Kopf schütteln für „nein".

3. _____

-RÖMER 7, 18-
DENN ICH WEISS, DASS IN MIR, DAS HEISST IN MEINEM FLEISCH, NICHTS GUTES WOHNT. WOLLEN HABE ICH WOHL, ABER DAS GUTE VOLLBRINGEN KANN ICH NICHT.

✋ Beide Arme in einer Pose wie ein „starker Mann" hochhalten und den Kopf schütteln für „nein".

4. _____

-RÖMER 3, 23-
SIE SIND ALLESAMT SÜNDER UND ERMANGELN DES RUHMES, DEN SIE BEI GOTT HABEN SOLLTEN,

✋ Hände wie Waagschalen halten und diese hoch und tief bewegen, dabei den Kopf schütteln für „nein".

Merkvers

-JOHANNES 14, 6-
JESUS SPRICHT ZU IHM: ICH BIN DER WEG UND DIE WAHRHEIT UND DAS LEBEN; NIEMAND KOMMT ZUM VATER DENN DURCH MICH.

ÜBUNG

„Jetzt werden wir denselben Trainingsprozess einsetzen, den Jesus anwandte, um zu üben, was wir in dieser Leiterschaftslektion gelernt haben. "

ABSCHLUSS

Die Kraft der Ausbildung von Trainern

Mein Jesus-Plan

7

Jünger ausbilden

Ein guter Leiter hat immer einen guten Plan. Jesus gab den Jüngern einen einfachen, aber kraftvollen Plan für ihre Dienste in Lukas 10: bereitet eure Herzen vor, findet friedvolle Menschen, teilt die gute Nachricht mit und bewertet die Ergebnisse. Jesus hat uns einen guten Plan zur Nachfolge gegeben.

Ob wir nun einen Dienst in einer Gemeinde oder einer Kleingruppe starten, die Schritte im Jesus-Plan werden uns helfen, unnötige Fehler zu vermeiden. Diese Lektion zeigt den Leitern, wie sie sich gegenseitig unterrichten bei ihrem persönlichen Jesus-Plan. Sie fangen auch an, an der Präsentation ihres Jesus-Plans in der Gruppe zu arbeiten.

LOBPREIS

WEITERER VERLAUF

PROBLEM

PLAN

Wiederholung

Willkommen

Wer baut die Gemeinde auf?

Warum ist das wichtig?

Wie baut Jesus seine Gemeinde auf?

> *–I. Korinther 11, 1–Folgt meinem Beispiel wie ich dem Beispiel Christi!*

Ausbilden wie Jesus

Wie hat Jesus Leiter ausgebildet?

> *–Lukas 6, 40–Der Jünger steht nicht über dem Meister; wenn er vollkommen ist, so ist er wie sein Meister.*

Anleiten wie Jesus

Von wem sagte Jesus, dass er der größte Leiter sei? ✋

Wie sehen die sieben Qualitäten eines großen Leiters aus?

> *–johannes 13, 14-15–wenn nun ich, euer herr und meister, euch die füße gewaschen habe, so sollt auch ihr euch untereinander die füße waschen. Ein Beispiel habe ich euch gegeben, damit ihr tut, wie ich euch getan habe.*

Stärke gewinnen

Welchen Persönlichkeitstyp hat Gott Ihnen gegeben?

Welchen Persönlichkeitstyp mag Gott am liebsten?

Welcher Persönlichkeitstyp gibt den besten Leiter ab?

–Römer 12, 4-5–Denn wie wir an „einem" Leib viele Glieder haben, aber nicht alle Glieder dieselbe Aufgabe haben, so sind wir viele „ein" Leib in Christus, aber untereinander ist einer des andern Glied.

Zusammen stärker

Warum gibt es acht Arten von Menschen auf der Welt?

Wie ist Jesus?

Welche drei Wahlmöglichkeiten haben wir, wenn Konflikte entstehen?

–Galater 2, 20–Ich lebe, doch nun nicht ich, sondern Christus lebt in mir. Denn was ich jetzt lebe im Fleisch, das lebe ich im Glauben an den Sohn Gottes, der mich geliebt hat und sich selbst für mich dahingegeben

Das Evangelium mitteilen

Wie kann ich das einfache Evangelium mitteilen?

Warum brauchen wir Jesu Hilfe?

–Johannes 14, 6–Jesus spricht zu ihm: Ich bin der Weg und die Wahrheit und das Leben; niemand kommt zum Vater denn durch mich.

Wie sieht der erste Schritt in Jesu Plan aus?

–LUKAS 10, 1-4–

DANACH SETZTE DER HERR WEITERE ZWEIUNDSIEBZIG1 JÜNGER EIN UND SANDTE SIE JE ZWEI UND ZWEI VOR

SICH HER IN ALLE STÄDTE UND ORTE, WOHIN ER
GEHEN WOLLTE,
UND SPRACH ZU IHNEN: DIE ERNTE IST GROSS, DER
ARBEITER ABER SIND WENIGE. DARUM BITTET DEN
HERRN DER ERNTE, DASS ER ARBEITER AUSSENDE IN
SEINE ERNTE.
GEHT HIN; SIEHE, ICH SENDE EUCH WIE LÄMMER
MITTEN UNTER DIE WÖLFE.
TRAGT KEINEN GELDBEUTEL BEI EUCH, KEINE TASCHE UND
KEINE SCHUHE, UND GRÜSST NIEMANDEN UNTERWEGS.

∾ Stütz dich auf mich ∾

🖐 Machen Sie mit den Zeige- und Mittelfindern beider
Hände eine gehende Bewegung.

GEHT DORT HIN, WO JESUS WIRKT (1)

🖐 Eine Hand auf das Herz legen und den Kopf schütteln für
„nein".

🖐 Eine Hand über die Augen legen und suchend nach links
und rechts schauen.

🖐 Auf einen Punkt nach vorne zeigen und nicken für „ja".

🖐 Die Hände im Lobpreis erheben und dann über dem
Herzen kreuzen.

46

BETET FÜR DIE LEITER DER ERNTE (2)

🖐 Hände im Lobpreis erheben.

🖐 Die nach außen gerichteten Handflächen schirmen das Gesicht ab; der Kopf ist abgewandt.

🖐 Hände zu Schalen formen, um zu empfangen.

🖐 Hände in Gebetshaltung falten und vor die Stirn halten, um Respekt zu symbolisieren.

GEHT IN DEMUT (3)

❧ Der große Leiter ❧

🖐 Die Hände in Gebetshaltung falten und sich verbeugen.

VERLASST EUCH AUF GOTT UND NICHT AUF GELD (4)

❧ Geld ist wie Honig ❧

🖐 So tun, als würde man Geld aus der Hemdtasche oder dem Portemonnaie nehmen und den Kopf schütteln für „nein", dann auf den Himmel zeigen und nicken für „ja".

GEHT DIREKT DORTHIN, WOHIN ER EUCH BERUFT (4)

✎ Gute Ablenkungen ✎

🖐 Die Handflächen und Finger beider Hände aneinanderlegen und eine „schnurstracks"-Bewegung machen.

Merkvers

–LUKAS 10, 2–
DIE ERNTE IST GROSS, DER ARBEITER ABER SIND WENIGE. DARUM BITTET DEN HERRN DER ERNTE, DASS ER ARBEITER AUSSENDE IN SEINE ERNTE.

ÜBUNG

ABSCHLUSS

Mein Jesus Plan

8

Gruppen initiieren

Die Leiter bereiten ihre Herzen in Schritt 1 des Jesus-Plans vor. Die Lektion „Gruppen initiieren" deckt die Schritte 2, 3 und 4 ab. Wir könnten viele Fehler im Dienst und der Mission vermeiden, wenn wir einfach nur den Richtlinien des Jesus-Plans aus Lukas 10 folgen. Die Leiter wenden diese Richtlinien am Ende der Einheit an, wenn sie ihren persönlichen „Jesus-Plan" ausfüllen.

In Schritt 2 geht es um die Entwicklung von Beziehungen. Wir schließen uns Gott an, wo er wirkt und finden einflussreiche Menschen, die für die Botschaft empfänglich sind. Wir essen und trinken, was sie uns geben, um ihnen unsere Akzeptanz zu zeigen. Wir gehen nicht von einer Freundschaft zur nächsten weiter, denn das wirft ein schlechtes Licht auf die Botschaft der Versöhnung, die wir predigen.

Wir geben die gute Nachricht in Schritt 3 weiter. Jesus ist ein Hirte und möchte, dass wir Menschen beschützen und für sie sorgen. In diesem Schritt ermutigen die Trainer die Leiter, Wege zu finden, Heilung weiterzugeben in ihrem Dienst. Die Menschen kümmert es nicht, was Sie wissen, solange bis sie wissen, dass Sie sich um sie sorgen. Die Kranken zu heilen, öffnet die Türen, um das Evangelium weiterzugeben.

In Schritt 4 bewerten wir die Ergebnisse und nehmen Anpassungen vor. Wir empfänglich sind die Menschen? Gibt es ein echtes Interesse an geistlichen Themen oder einen anderen Grund wie z. B. Geld, der ihre Neugier weckt? Wenn die Menschen reagieren, bleiben wir und führen die Mission fort. Wenn die Menschen nicht reagieren, gebietet Jesus uns, wegzugehen und woanders neu anzufangen.

LOBPREIS

WEITERER VERLAUF

PROBLEM

PLAN

Wiederholung

Willkommen
Wer baut die Gemeinde auf?
Warum ist das wichtig?
Wie baut Jesus seine Gemeinde auf?

–I. Korinther 11, 1–Folgt meinem Beispiel wie ich dem Beispiel Christi!

Ausbilden wie Jesus

Wie hat Jesus Leiter ausgebildet?

—Lukas 6, 40—Der Jünger steht nicht über dem Meister; wenn er vollkommen ist, so ist er wie sein Meister.

Anleiten wie Jesus

Von wem sagte Jesus, dass er der größte Leiter sei? ✋

Wie sehen die sieben Qualitäten eines großen Leiters aus?

—Johannes 13, 14-15—Wenn nun ich, euer Herr und Meister, euch die Füße gewaschen habe, so sollt auch ihr euch untereinander die Füße waschen. Ein Beispiel habe ich euch gegeben, damit ihr tut, wie ich euch getan habe.

Stärke gewinnen

Welchen Persönlichkeitstyp hat Gott Ihnen gegeben?

Welchen Persönlichkeitstyp mag Gott am liebsten?

Welcher Persönlichkeitstyp gibt den besten Leiter ab?

—Römer 12, 4-5—Denn wie wir an „einem" Leib viele Glieder haben, aber nicht alle Glieder dieselbe Aufgabe haben, so sind wir viele „ein" Leib in Christus, aber untereinander ist einer des andern Glied.

Zusammen stärker

Warum gibt es acht Arten von Menschen auf der Welt?

Wie ist Jesus?

Welche drei Wahlmöglichkeiten haben wir, wenn Konflikte entstehen?

—Galater 2, 20—Ich lebe, doch nun nicht ich, sondern Christus lebt in mir. Denn was ich jetzt lebe im Fleisch, das lebe ich im Glauben an den Sohn Gottes, der mich geliebt hat und sich selbst für mich dahingegeben

Das Evangelium mitteilen

Wie kann ich das einfache Evangelium mitteilen?

Warum brauchen wir Jesu Hilfe?

> *–Johannes 14, 6–Jesus spricht zu ihm: Ich bin der Weg und die Wahrheit und das Leben; niemand kommt zum Vater denn durch mich.*

Jünger ausbilden

Wie sieht der erste Schritt in Jesu Plan aus?

> *–Lukas 10, 2-4–Und sprach zu ihnen: Die Ernte ist groß, der Arbeiter aber sind wenige. Darum bittet den Herrn der Ernte, dass er Arbeiter aussende in seine Ernte. Geht hin; siehe, ich sende euch wie Lämmer mitten unter die Wölfe. Tragt keinen Geldbeutel bei euch, keine Tasche und keine Schuhe, und grüßt niemanden unterwegs.*

Wie sieht der zweite Schritt in Jesu Plan aus?

–LUKAS 10, 5-8–

WENN IHR IN EIN HAUS KOMMT, SPRECHT ZUERST: FRIEDE SEI DIESEM HAUSE! UND WENN DORT EIN KIND DES FRIEDENS IST, SO WIRD EUER FRIEDE AUF IHM RUHEN; WENN ABER NICHT, SO WIRD SICH EUER FRIEDE WIEDER ZU EUCH WENDEN. IN DEMSELBEN HAUS ABER BLEIBT, ESST UND TRINKT, WAS MAN EUCH GIBT; DENN EIN ARBEITER IST SEINES LOHNES WERT. IHR SOLLT NICHT VON EINEM HAUS ZUM ANDERN GEHEN. UND WENN IHR IN EINE STADT KOMMT

UND SIE EUCH AUFNEHMEN, DANN ESST, WAS EUCH VORGESETZT WIRD.

FINDET EINE FRIEDVOLLE PERSON (5, 6)

Die Hände verschränken, so als ob Freunde sich die Hand schütteln.

ESST UND TRINKT, WAS SIE EUCH GEBEN (7, 8)

So tun, als ob man isst und trinkt. Dann den über den Magen streichen, so als ob es gut schmeckt.

GEHT NICHT VON EINEM HAUS ZUM ANDEREN (7)

Mit beiden Händen die Konturen eines Hausdaches nachzeichnen. Das Haus an verschiedenen Orten zeigen und den Kopf schütteln für „nein".

⊰ Wie man ein Dorf gegen sich aufbringt ⊱

Wie sieht der dritte Schritt im Jesus-Plan aus?

–LUKAS 10, 9–
UND HEILT DIE KRANKEN, DIE DORT SIND, UND SAGT
IHNEN: DAS REICH GOTTES IST NAHE ZU EUCH GEKOMMEN.

HEILT DIE KRANKEN (9)

Arme ausstrecken, so als ob man sie einem Kranken zur Heilung auflegt.

TEILT DAS EVANGELIUM MIT (9)

Die Hände wie Trichter um den Mund legen, so als ob man ein Megaphon hält.

❧ Der Vogel mit den zwei Flügeln ❧

Wie sieht der vierte Schritt im Jesus-Plan aus?

–LUKAS 10, 10-11–
WENN IHR ABER IN EINE STADT KOMMT UND SIE
EUCH NICHT AUFNEHMEN, SO GEHT HINAUS AUF
IHRE STRASSEN UND SPRECHT: AUCH DEN STAUB
AUS EURER STADT, DER SICH AN UNSRE FÜSSE
GEHÄNGT HAT, SCHÜTTELN WIR AB AUF EUCH. DOCH

SOLLT IHR WISSEN: DAS REICH GOTTES IST NAHE
HERBEIGEKOMMEN.

BEWERTET, WIE DIE MENSCHEN REAGIEREN (10, 11)

Die Hände wie Waagschalen hochhalten, diese hoch und
tief bewegen mit einem fragenden Gesichtsausdruck.

GEHT WEG, WENN DIE MENSCHEN NICHT REAGIEREN (11)

Als Verabschiedung winken.

Merkvers

–LUKAS 10, 9–
UND HEILT DIE KRANKEN, DIE DORT SIND, UND SAGT
IHNEN: DAS REICH GOTTES IST NAHE ZU EUCH GEKOMMEN.

ÜBUNG

ABSCHLUSS

Mein Jesus Plan

9

Vervielfachung von Gruppen

Gesunde und sich vervielfältigende Gemeinden sind das Ergebnis von gewonnener Stärke in Gott, Mitteilung des Evangeliums, der Ausbildung von Jüngern, der Initiierung von Gruppen und der Ausbildung von Leitern. Die meisten Leiter haben jedoch noch nie eine Gemeinde gegründet und wissen gar nicht, wie sie damit anfangen sollen. „Vervielfachung von Gruppen" zeigt die Orte, auf die wir uns konzentrieren sollten, wenn wir Gruppen initiieren, die zu Gemeinden werden. In Apostelgeschichte gebietet Jesus uns, Gruppen in vier unterschiedlichen Gebieten zu initiieren. Er sagt uns, wir sollen Gruppen in der Stadt und Region initiieren, wo wir leben. Dann sagt er uns, wir sollen neue Gemeinschaften in einer Nachbarregion und unter verschiedenen Volksgruppen aufbauen, dort wo wir leben. Schließlich gebietet Jesus uns, an entfernte Orte zu gehen und jede Volksgruppe der Welt zu erreichen. Die Ausbilder ermutigen die Leiter, das Herz von Jesus für alle Völker anzunehmen und Pläne zu schmieden, ihr Jerusalem, Judäa, Samaria und die Enden der Erde zu erreichen. Die Leiter fügen diese Verpflichtungen ihrem „Jesus-Plan" hinzu.

Die Apostelgeschichte beschreibt auch die Arbeit von vier Arten von Gruppeninitiatoren. Petrus, ein Pastor, half eine Gruppe im Haus des Kornelius aufzubauen. Paulus, eine Laie, reiste durch das gesamte römische Reich und baute Gruppen auf. Priscilla & Aquilla, selbständige Geschäftsleute, initiierten Gruppen wo auch immer ihr Geschäft sie hinführte. „Verfolgte" Menschen in Apostelgeschichte 8 verteilten sich und begannen Gruppen so auch immer sie hingingen. In dieser Lektion lernen die Leiter, potentielle Gruppeninitiatoren in ihrem Einflussbereich zu erkennen und diese zu ihrem „Jesus-Plan" hinzuzufügen. Die Lektion endet mit dem Aufgreifen der Annahme, dass man für Gemeindegründung ein prall gefülltes Bankkonto benötigt. Die meisten Gemeinden beginnen in Privathäusern mit kaum mehr Investitionen als einer Bibel.

LOBPREIS

WEITERER VERLAUF

PROBLEM

PLAN

Wiederholung

Willkommen

Wer baut die Gemeinde auf?

Warum ist das wichtig?

Wie baut Jesus seine Gemeinde auf?

–I. Korinther 11, 1–Folgt meinem Beispiel wie ich dem Beispiel Christi!

Ausbilden wie Jesus

Wie hat Jesus Leiter ausgebildet?

–Lukas 6, 40–Der Jünger steht nicht über dem Meister; wenn er vollkommen ist, so ist er wie sein Meister.

Anleiten wie Jesus

Von wem sagte Jesus, dass er der größte Leiter sei? ✋

Wie sehen die sieben Qualitäten eines großen Leiters aus?

–Johannes 13, 14-15–Wenn nun ich, euer Herr und Meister, euch die Füße gewaschen habe, so sollt auch ihr euch untereinander die Füße waschen. Ein Beispiel habe ich euch gegeben, damit ihr tut, wie ich euch getan habe.

Stärke gewinnen

Welchen Persönlichkeitstyp hat Gott Ihnen gegeben?

Welchen Persönlichkeitstyp mag Gott am liebsten?

Welcher Persönlichkeitstyp gibt den besten Leiter ab?

–Römer 12, 4-5–Denn wie wir an „einem" Leib viele Glieder haben, aber nicht alle Glieder dieselbe Aufgabe haben, so sind wir viele „ein" Leib in Christus, aber untereinander ist einer des andern Glied.

Zusammen stärker

Warum gibt es acht Arten von Menschen auf der Welt?

Wie ist Jesus?

Welche drei Wahlmöglichkeiten haben wir, wenn Konflikte entstehen?

–Galater 2, 20–Ich lebe, doch nun nicht ich, sondern Christus lebt in mir. Denn was ich jetzt lebe im Fleisch, das lebe ich im Glauben an den Sohn Gottes, der mich geliebt hat und sich selbst für mich dahingegeben

Das Evangelium mitteilen

Wie kann ich das einfache Evangelium mitteilen?

Warum brauchen wir Jesu Hilfe?

–Johannes 14, 6–Jesus spricht zu ihm: Ich bin der Weg und die Wahrheit und das Leben; niemand kommt zum Vater denn durch mich.

Jünger ausbilden

Wie sieht der erste Schritt in Jesu Plan aus?

–Lukas 10, 2–4–Und sprach zu ihnen: Die Ernte ist groß, der Arbeiter aber sind wenige. Darum bittet den Herrn der Ernte, dass er Arbeiter aussende in seine Ernte. Geht hin; siehe, ich sende euch wie Lämmer mitten unter die Wölfe. Tragt keinen Geldbeutel bei euch, keine Tasche und keine Schuhe, und grüßt niemanden unterwegs.

Gruppen initiieren

Wie sieht der zweite Schritt in im Jesus-Plan aus?

Wie sieht der dritte Schritt im Jesus-Plan aus?

Wie sieht der vierte Schritt im Jesus-Plan aus?

–Lukas 10, 9–und heilt die Kranken, die dort sind, und sagt ihnen: Das Reich Gottes ist nahe zu euch gekommen.

An welchen vier Orten hat Jesus den gläubigen geboten, Gruppen zu initiieren?

–APOSTELGESCHICHTE 1, 8–

ABER IHR WERDET DIE KRAFT DES HEILIGEN GEISTES EMPFANGEN, DER AUF EUCH KOMMEN WIRD, UND WERDET MEINE ZEUGEN SEIN IN JERUSALEM UND IN GANZ JUDÄA UND SAMARIEN UND BIS AN DAS ENDE DER ERDE.

1. _____

2. _____

3. _____

4. _____

Auf welche vier Arten kann man eine Gruppe oder Gemeinde initiieren?

1. _____

   −APOSTELGESCHICHTE 10, 9−
   AM NÄCHSTEN TAG, ALS DIESE AUF DEM WEGE WAREN
   UND IN DIE NÄHE DER STADT KAMEN, STIEG PETRUS
   AUF DAS DACH, ZU BETEN UM DIE SECHSTE STUNDE.

2. _____

   −APOSTELGESCHICHTE 13, 2−
   ALS SIE ABER DEM HERRN DIENTEN UND FASTETEN,
   SPRACH DER HEILIGE GEIST: SONDERT MIR AUS
   BARNABAS UND SAULUS ZU DEM WERK, ZU DEM ICH
   SIE BERUFEN HABE.

3. _____

   −I. KORINTHER 16, 19−
   ES GRÜSSEN EUCH DIE GEMEINDEN IN DER PROVINZ
   ASIEN. ES GRÜSSEN EUCH VIELMALS IN DEM HERRN
   AQUILA UND PRISKA SAMT DER GEMEINDE IN IHREM
   HAUSE.

4. _____

   −APOSTELGESCHICHTE 8, 1−
   SAULUS ABER HATTE GEFALLEN AN SEINEM TODE.
   ES ERHOB SICH ABER AN DIESEM TAG EINE GROSSE

VERFOLGUNG ÜBER DIE GEMEINDE IN JERUSALEM; DA ZERSTREUTEN SICH ALLE IN DIE LÄNDER JUDÄA UND SAMARIEN, AUSSER DEN APOSTELN.

Merkvers

–APOSTELGESCHICHTE 1, 8–
ABER IHR WERDET DIE KRAFT DES HEILIGEN GEISTES EMPFANGEN, DER AUF EUCH KOMMEN WIRD, UND WERDET MEINE ZEUGEN SEIN IN JERUSALEM UND IN GANZ JUDÄA UND SAMARIEN UND BIS AN DAS ENDE DER ERDE.

ÜBUNG

ABSCHLUSS

Wie viel kostet es, eine neue Gemeine aufzubauen?

Mein Jesus-Plan

NOCH EINE HÄUFIG GESTELLTE FRAGE

Wie arbeitet man in den Kurseinheiten mit Analphabeten?

10

Jesus nachfolgen

Die Leiter haben in *Ausbildung entschiedener Leiter* gelernt, wer die Gemeinde baut und warum dies wichtig ist. Sie beherrschen die fünf Bestandteile von Jesu Strategie zur Erreichung der Welt und haben geübt, sich gegenseitig zu unterrichten. Sie verstehen die sieben Qualitäten eines großen Leiters, haben einen „Ausbildungsbaum" für die Zukunft entwickelt und wissen, wie man mit unterschiedlichen Persönlichkeiten arbeitet. Jeder Leiter hat einen Plan auf der Basis von Jesu Plan aus Lukas 10. „Jesus nachfolgen" greift den einen noch verbleibenden Teil von Leiterschaft auf: Motivation.

Vor zweitausend Jahren folgten die Menschen Jesus aus vielfältigen Gründen nach. Einige, wie Jakobus und Johannes, glaubten, Jesus nachzufolgen würde ihnen Ruhm bringen. Andere, wie die Pharisäer, folgten ihm, um zu kritisieren und ihre Überlegenheit zu zeigen. Wieder andere, wie Judas, folgte Jesus wegen Geld. Eine Menge von fünftausend Menschen wollte Jesus folgen, weil er sie mit Nahrung versorgte. Eine andere Gruppe folgte Jesus, weil sie Heilung brauchten, und nur eine Person kehrte zurück, um sich zu bedanken. Traurigerweise folgten viele

Menschen Jesus aus egoistischen Gründen für das nach, was er ihnen geben konnte. Heute ist es nicht anders. Als Leiter sollten wir uns selbst prüfen und fragen: "Warum folge ich Jesus nach?"

Jesus ehrte die Menschen, die ihm nachfolgten, aus einem liebevollen Herzen. Das edle Geschenk aus Parfüm von einer verachteten Frau brachte das Versprechen, dass er sich an jeden erinnert, wo auch immer er oder sie das Evangelium predigt. Das Scherflein der Witwe berührte Jesu Herz mehr als alles Gold des Tempels. Jesus war enttäuscht, als ein vielversprechender junger Mann sich weigerte, Gott von ganzem Herzen zu lieben und stattdessen seinen Reichtum bevorzugte. Jesus stellte Petrus auch nur eine einzige Frage, um ihn nach seinem Verrat wieder aufzubauen: „Simon, liebst du mich?" Geistliche Leiter lieben die Menschen und sie lieben Gott.

Die Einheit schließt damit ab, dass jeder Leiter seinen „Jesus-Plan" präsentiert. Die Leiter beten gegenseitig füreinander, verpflichten sich, zusammenzuarbeiten und neue Leiter aus Liebe zu Gott und zu seiner Ehre auszubilden.

LOBPREIS

WEITERER VERLAUF

Willkommen
Wer baut die Gemeinde auf?
Warum ist das wichtig?
Wie baut Jesus seine Gemeinde auf?

–I. Korinther 11, 1–Folgt meinem Beispiel wie ich dem Beispiel Christi!

Ausbilden wie Jesus

Wie hat Jesus Leiter ausgebildet?

–Lukas 6, 40–Der Jünger steht nicht über dem Meister; wenn er vollkommen ist, so ist er wie sein Meister.

Anleiten wie Jesus

Von wem sagte Jesus, dass er der größte Leiter sei? 🖐

Wie sehen die sieben Qualitäten eines großen Leiters aus?

–Johannes 13, 14-15–Wenn nun ich, euer Herr und Meister, euch die Füße gewaschen habe, so sollt auch ihr euch untereinander die Füße waschen. Ein Beispiel habe ich euch gegeben, damit ihr tut, wie ich euch getan habe.

Stärke gewinnen

Welchen Persönlichkeitstyp hat Gott Ihnen gegeben?

Welchen Persönlichkeitstyp mag Gott am liebsten?

Welcher Persönlichkeitstyp gibt den besten Leiter ab?

–Römer 12, 4-5–Denn wie wir an „einem" Leib viele Glieder haben, aber nicht alle Glieder dieselbe Aufgabe haben, so sind wir viele „ein" Leib in Christus, aber untereinander ist einer des andern Glied.

Zusammen stärker

Warum gibt es acht Arten von Menschen auf der Welt?

Wie ist Jesus?

Welche drei Wahlmöglichkeiten haben wir, wenn Konflikte entstehen?

–Galater 2, 20–Ich lebe, doch nun nicht ich, sondern Christus lebt in mir. Denn was ich jetzt lebe im Fleisch,

das lebe ich im Glauben an den Sohn Gottes, der mich
geliebt hat und sich selbst für mich dahingegeben

Das Evangelium mitteilen

Wie kann ich das einfache Evangelium mitteilen?

Warum brauchen wir Jesu Hilfe?

–Johannes 14, 6–Jesus spricht zu ihm: Ich bin der Weg
und die Wahrheit und das Leben; niemand kommt zum
Vater denn durch mich.

Jünger ausbilden

Wie sieht der erste Schritt in Jesu Plan aus?

–Lukas 10, 2–4–und sprach zu ihnen: Die Ernte ist
groß, der Arbeiter aber sind wenige. Darum bittet den
Herrn der Ernte, dass er Arbeiter aussende in seine
Ernte. Geht hin; siehe, ich sende euch wie Lämmer
mitten unter die Wölfe. Tragt keinen Geldbeutel
bei euch, keine Tasche und keine Schuhe, und grüßt
niemanden unterwegs.

Gruppen initiieren

Wie sieht der zweite Schritt in im Jesus-Plan aus?

Wie sieht der dritte Schritt im Jesus-Plan aus?

Wie sieht der vierte Schritt im Jesus-Plan aus?

–Lukas 10, 9–und heilt die Kranken, die dort sind,
und sagt ihnen: Das Reich Gottes ist nahe zu euch
gekommen.

Gemeinden gründen

An welchen vier Orten gebot Jesus den Gläubigen, Gemeinden zu gründen?

Auf welche vier Arten kann man eine Gemeinde gründen?

Wie viel kostet es, eine neue Gemeinde zu gründen?

–apostelgeschichte 1, 8–"aber ihr werdet die kraft des heiligen geistes empfangen, der auf euch kommen wird, und werdet meine zeugen sein in jerusalem und in ganz judäa und samarien und bis an das ende der erde."

PLAN

Warum folgt ihr Jesus?

1. _____

–MARKUS 10, 35-37–
DA GINGEN ZU IHM JAKOBUS UND JOHANNES, DIE SÖHNE DES ZEBEDÄUS, UND SPRACHEN: MEISTER, WIR WOLLEN, DASS DU FÜR UNS TUST, UM WAS WIR DICH BITTEN WERDEN. ER SPRACH ZU IHNEN: WAS WOLLT IHR, DASS ICH FÜR EUCH TUE? SIE SPRACHEN ZU IHM: GIB UNS, DASS WIR SITZEN EINER ZU DEINER RECHTEN UND EINER ZU DEINER LINKEN IN DEINER HERRLICHKEIT.

2. _____

–LUKAS 11, 53-54–
UND ALS ER VON DORT HINAUSGING, FINGEN DIE
SCHRIFT-GELEHRTEN UND PHARISÄER AN, HEFTIG AUF
IHN EINZUD-RINGEN UND IHN MIT VIELEN FRAGEN
AUSZUHORCHEN, UND BELAUERTEN IHN, OB SIE ETWAS
AUS SEINEM MUND ERJAGEN KÖNNTEN.

3. _____

–JOHANNES 12, 4-6–
DA SPRACH EINER SEINER JÜNGER, JUDAS ISKARIOT,
DER IHN HERNACH VERRIET: WARUM IST DIESES
ÖL NICHT FÜR DREIHUNDERT SILBERGROSCHEN
VERKAUFT WORDEN UND DEN ARMEN GEGEBEN? DAS
SAGTE ER ABER NICHT, WEIL ER NACH DEN ARMEN
FRAGTE, SONDERN ER WAR EIN DIEB, DENN ER HATTE
DEN GELDBEUTEL UND NAHM AN SICH, WAS GEGEBEN
WAR.

4. _____

–JOHANNES 6, 11-15–
JESUS ABER NAHM DIE BROTE, DANKTE UND GAB SIE
DENEN, DIE SICH GELAGERT HATTEN; DESGLEICHEN
AUCH VON DEN FISCHEN, SOVIEL SIE WOLLTEN.
ALS SIE ABER SATT WAREN, SPRACH ER ZU SEINEN
JÜNGERN: SAMMELT DIE ÜBRIGEN BROCKEN, DAMIT
NICHTS UMKOMMT. DA SAMMELTEN SIE UND FÜLLTEN
VON DEN FÜNF GERSTENBROTEN ZWÖLF KÖRBE MIT
BROCKEN, DIE DENEN ÜBRIG BLIEBEN, DIE GESPEIST
WORDEN WAREN. ALS NUN DIE MENSCHEN DAS

ZEICHEN SAHEN, DAS JESUS TAT, SPRACHEN SIE: DAS IST WAHRLICH DER PROPHET, DER IN DIE WELT KOMMEN SOLL. ALS JESUS NUN MERKTE, DASS SIE KOMMEN WÜRDEN UND IHN ERGREIFEN, UM IHN ZUM KÖNIG ZU MACHEN, ENTWICH ER WIEDER AUF DEN BERG, ER SELBST ALLEIN.

5. _____

–LUKAS 17, 12-14–
UND ALS ER IN EIN DORF KAM, BEGEGNETEN IHM ZEHN AUSSÄTZIGE MÄNNER; DIE STANDEN VON FERNE UND ERHOBEN IHRE STIMME UND SPRACHEN: JESUS, LIEBER MEISTER, ERBARME DICH UNSER! UND ALS ER SIE SAH, SPRACH ER ZU IHNEN: GEHT HIN UND ZEIGT EUCH DEN PRIESTERN! UND ES GESCHAH, ALS SIE HINGINGEN, DA WURDEN SIE REIN.

Erinnert ihr euch an die ausgestoßene Sünderin, die kostbares Parfüm über Jesu Füße goss?"

–MATTHÄUS 26, 13–
„WAHRLICH, ICH SAGE EUCH: WO DIES EVANGELIUM GEPREDIGT WIRD IN DER GANZEN WELT, DA WIRD MAN AUCH SAGEN ZU IHREM GEDÄCHTNIS, WAS SIE GETAN HAT."

„Erinnert ihr euch an die arme Witwe? Ihr Opfer im Tempel berührte Jesu Herz mehr als alle Reichtümer des Tempels. "

–LUKAS 21, 3–
„UND ER SPRACH: WAHRLICH, ICH SAGE EUCH: DIESE ARME WITWE HAT MEHR ALS SIE ALLE EINGELEGT."

„Erinnert ihr euch an die eine Frage, die Jesus Petrus gestellt hat, nachdem er ihn verraten hatte?"

–JOHANNES 21, 17–
SPRICHT ER ZUM DRITTEN MAL ZU IHM: SIMON, SOHN DES JOHANNES, HAST DU MICH LIEB? PETRUS WURDE TRAURIG, WEIL ER ZUM DRITTEN MAL ZU IHM SAGTE: HAST DU MICH LIEB?, UND SPRACH ZU IHM: HERR, DU WEISST ALLE DINGE, DU WEISST, DASS ICH DICH LIEB HABE. SPRICHT JESUS ZU IHM: WEIDE MEINE SCHAFE!"

DIE VORSTELLUNG DES JESUS- PLANS

Ausbildung von Leitern

Ausbildung entschiedener Leiter baut auf dem ersten Kurs, Ausbildung entschiedener Nachfolger, auf und hilft denen, die bereits Jüngersc-haftsgruppen initiiert haben, sich als Leiter zu entwickeln und noch mehr Gruppen zu vervielfachen.

TRAININGSERGEBNISSE

Nach Beendigung dieses Trainingsseminars können die Teilnehmer:

- Anderen Leitern zehn Kernlektionen zu Leiterschaft beib-ringen.
- Andere Leiter ausbilden auf der Basis eines nachvollziehbaren Prozesses, den Jesus vorgelebt hat.
- Unterschiedliche Persönlichkeitstypen erkennen und den Menschen helfen, als Team zusammenzuarbeiten.
- Einen strategischen Plan entwickeln zur Integration der geistlich Verlorenen in ihrer Gemeinde und neue Gruppen vervielfachen.
- Verstehen, wie eine Gemeindegründungsbewegung funk-tioniert.

TRAININGSPROZESS

Jede Einheit im Leiterschaftstraining folgt demselben Format auf der Basis dessen, wie Jesus die Jünger zu Leitern ausgebildet hat. Ein allgemeiner Lektionsleitfaden mit Vorschlägen zum zeitlichen Rahmen folgt noch.

LOBPREIS

- Singen Sie zwei Lobpreislieder zusammen (oder mehr, wenn die Zeit es erlaubt).

(10 Minuten)

WEITERER VERLAUF

- Ein Leiter berichtet über den Fortschritt in seinem Dienst seit dem letzten Treffen der Leiter. Die Gruppe betet für den Leiter und seinen oder ihren Dienst.

(10 Minuten)

PROBLEM

- Der Trainer stellt ein häufiges Problem der Leiterschaft vor und erläutert es mit einer Geschichte oder persönlichen Illustration.

(5 Minuten)

PLAN

- Der Trainer bringt den Leitern eine einfache Leiterschafts-Lektion bei, die Erkenntnisse und Fähigkeiten schult, wie das Leiterschaftsproblem gelöst werden kann.

(20 Minuten)

ÜBUNG

- Die Leiter teilen sich in Vierergruppen auf und üben die Trainingsmethode für Leiter, indem sie die Lektion besprechen, die sie gerade gelernt haben, einschließlich:

  o Den erreichten Fortschritt in diesem Bereich der Leitung.
  o Aufkommende Probleme in diesem Bereich der Leitung.
  o Verbesserungspläne für die nächsten 30 Tage auf der Basis der Leiterschaftslektion.
  o Eine Fähigkeit, die sie in den nächsten 30 Tagen auf Basis der Leiterschaftslektion üben wollen.

- Die Leiter stehen auf und wiederholen den Merkvers zehnmal zusammen, sechsmal indem sie ihn aus der Bibel lesen und viermal auswendig.

(30 Minuten)

GEBET

- Die Teilnehmer der Vierergruppen teilen sich gegenseitig ihre Gebetsanliegen mit und beten füreinander.

(10 Minuten)

ABSCHLUSS

- Die meisten Einheiten enden mit einer Lernaufgabe, die den Leitern hilft, die Lektion in ihrem eigenen Umfeld anzuwenden.

(15 Minuten)

Trainingsrichtlinien

Anderen zu helfen, sich zu Leitern zu entwickeln, ist eine aufregende und anspruchsvolle Aufgabe. Entgegen der allgemeinen Auffassung werden Leiter erschaffen und nicht geboren. Damit mehr Leiter sich entwickeln können, muss die Ausbildung dazu international und systematisch ausgerichtet sein. Einige Menschen glauben fälschlicherweise, dass Leiter aufgrund ihrer Persönlichkeit zu Leitern werden. Eine schnelle Betrachtung von erfolgreichen Pastoren riesiger Gemeinden in Amerika zeigt jedoch Pastoren vieler unterschiedlicher Persönlichkeiten. Wenn wir Jesus nachfolgen, folgen wir dem größten Leiter aller Zeiten und entwickeln uns selbst zu Leitern.

Angehende Leiter brauchen einen ausgewogenen Ansatz für die Leitungsausbildung. Ein ausgewogener Ansatz beinhaltet, an Wissen, Charakter, Fähigkeiten und Motivation zu arbeiten. Ein Mensch braucht alle vier Komponenten, um ein effektiver Leiter zu sein. Ohne Wissen werden falsche Annahmen und Missverständnisse den Leiter in die Irre führen. Ohne Charakter wird ein Leiter moralische und geistliche Fehler begehen, welche die Mission behindern. Ohne die nötigen Fähigkeiten, wird er Leiter beständig das Rad neu erfinden oder veraltete Methoden einsetzen. Letztendlich wird ein Leiter mit Wissen, Charakter und Fähigkeiten, aber ohne Motivation sich nur um den Status Quo kümmern und versuchen, seine oder ihre Position zu behalten.

Leiter müssen die nötigen Schlüsselfähigkeiten erlernen, um die Aufgabe erfüllen zu können. Nach intensiven Gebetszeiten braucht jeder Leiter eine verbindliche Vision. Die Vision beantwortet Frage: „Was muss als nächstes passieren?" Leiter müssen den Zweck ihres Handelns kennen. Der Zweck beantwortet die Frage: „Warum ist dies wichtig?" Die Antworten auf diese Frage zu kennen, hat viele Leiter durch schwierige Zeiten hindurchgeführt. Als nächstes müssen die Leiter ihre Mission kennen. Gott bringt Menschen in der Gemeinde zusammen, um seinen Willen auszuführen. Die Mission beantwortet die Frage: „Wer muss mit einbezogen werden?" Zu guter Letzt haben Leiter klare, präzise Ziele, denen sie folgen können. Normalerweise wird ein Leiter die Vision, den Zweck und die Mission an vier bis fünf Zielen festmachen. Die Ziele beantworten die Frage: „Wie werden wir das erreichen?"

Wir haben erkannt, wie schwierig es ist, angehende Leiter au seiner Gruppe herauszupicken. Gott wird Sie immer damit überraschen, wen er sich auserwählt! Der produktivste Ansatz ist, jede Person so zu behandeln, als ob er oder sie bereits ein Leiter wäre. Eine Person mag vielleicht nur sich selbst leiten, aber auch das ist schon Leitung. Die Menschen werden zu besseren Leitern direkt proportional zu unseren Erwartungen (Glauben). Wenn wir die Menschen wie Nachfolger behandeln, werden sie zu Nachfolgern. Wenn wir sie wie Leiter behandeln, werden sie zu Leitern. Jesus wählte Menschen aus allen Gesellschaftsschichten aus, um zu zeigen, dass gute Leiterschaft davon abhängig ist, ihm zu folgen und nicht den äußeren Zeichen, nach denen die Menschen oft suchen. Warum haben wir einen Mangel an Leitern? Weil die bisherigen Leiter anderen nicht die Möglichkeit geben, zu leiten.

Wenige Faktoren stoppen eine Bewegung Gottes schneller als ein Mangel an göttlicher Leiterschaft. Traurigerweise haben wir an den meisten Orten, wo wir Menschen ausgebildet haben (einschließlich Amerika) ein Vakuum an Leitern festgestellt. Göttlicher Leiter sind ein Schlüssel zu Schalom – Frieden, Segen und Rechtschaffenheit – in einer Gemeinde. Ein berühmtes Zitat von Albert Einstein kann folgendermaßen umschrieben werden: „Wir können unsere aktuellen Probleme nicht mit unserem aktuellen Grad an Leiterschaft lösen." Gott verwendet das *Folge Jesus Training*, um viele neue Leiter zuzurüsten und zu motivieren. Wir beten, dass dies auch für Sie gilt. Möge der größte Leiter aller Zeiten Ihr Herz und Ihren Verstand ausfüllen mit aller geistlichen Segnung, Sie stark machen und Ihren Einfluss erhöhen – das ist der wahre Prüfung der Leiterschaft.

Weitere Lektüre

Folgende Autoren halten wir für die hilfreichsten bei der Ausbildung entschiedener Leiter. Das erste Buch, das für die Missionsarbeit übersetzt werden muss, ist die Bibel. Danach empfehlen wir, folgende sieben Bücher als solide Grundlage für eine effektive Leiterschaftsbewegung zu übersetzen:

Blanchard, Ken und Hodges, Phil. *Lead like Jesus: Lessons from the Greatest Role Model of all Time.* <*Führen wie Jesus: Lektionen des größten Rollenvorbildes aller Zeiten*> Thomas Nelson, 2006.

Clinton, J. Robert. *The Making of a Leader.* <*Entstehung eines Leiters*> navpress Publishing Group, 1988.

Coleman, Robert E. *The Masterplan of Evangelism.* <*Masterplan der Evangelisation*> Fleming H. Revell, 1970.

Hettinga, Jan D. *Follow Me: Experiencing the Loving Leadership of Jesus.* <*Folge mir: die liebevolle Führung von Jesus erfahren*> Navpress, 1996.

Maxwell, John C. *Developing the Leader Within You.* <*Entwickle den Leiter in dir*> Thomas Nelson Publishers, 1993.

Ogne, Steven L. Und Nebel, Thomas P. *Empowering Leaders through Coaching*. <*Leiter durch Ausbildung ermächtigen*> Churchsmart Resources, 1995.

Sanders, J. Oswald. *Spiritual Leadership: Principles of Excellence for Every Believer*. <*Geistliche Leitung: Prinzipien Fähigkeit für jeden Gläubigen*> Moody Publishers, 2007.